AF340252

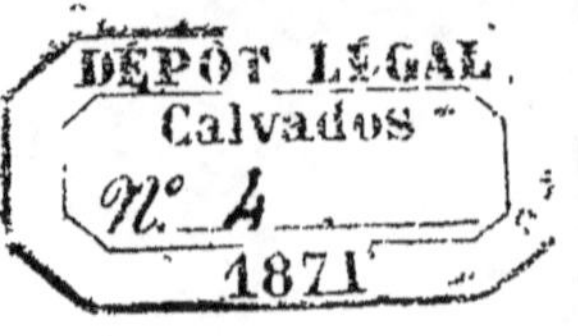

SOMMAIRE

D'UNE

CONSTITUTION

suivi d'un

EXPOSÉ DES MOTIFS

PAR

CODRUS

A PARIS

CHEZ LES PRINCIPAUX LIBRAIRES

—

1871

PRÉFACE.

LE MOT RÉPUBLIQUE

ET CONCILIATION.

Les mots exercent une puissante influence sur les destinées humaines ; on ne peut s'en étonner, puisqu'ils représentent les pensées qui existent dans nos esprits, et qu'en réalité c'est par la pensée, source de nos actions, que tel être vivant est un homme.

Ils revêtent et conservent une signification déterminée, effective, par l'action simultanée de deux causes : leur *étymologie* (l'origine radicale), et la substance que leur font prendre les *événements* auxquels ils se sont trouvés joints.

L'étymologie du mot République est on ne peut

plus satisfaisante. Par définition, par essence, la République est un système dans lequel chacun doit s'occuper moins de ses intérêts privés que de la *chose publique*. Mais, nous devons le reconnaître, parce que la vérité peut seule produire le bien, les événements qui ont accompagné cette appellation n'ont pas toujours été d'accord avec la justice, avec la bienveillance, qui constituent les *bons gouvernements*. Sans remonter très-haut, nous ne pouvons oublier que les journées de juin 1848 ont amené, par une suite ordinaire des réactions, le second Empire.

Faisons tous nos efforts pour jeter un voile sur ce passé, autant que le permet la prudence ; et tâchons, « puisque la République est le gouvernement qui nous divise le moins », de faire surnager, dans notre intelligence et dans celle d'autrui, en nous réfugiant au sein de l'expression étymologique, cette pensée que la République est l'état dans lequel chacun place la vérité au-dessus des illusions, du prestige, des mensonges ; la générosité, l'amour de la patrie, au-dessus de l'égoïsme. Disons, répétons qu'un républicain est un ami de la justice et de la bonté ; que les hommes injustes, tyranniques, grossiers, malveillants ne sont pas des républicains, mais des perturbateurs, des ennemis publics ; puis, nous attachant à cette pensée, tentons, afin de calmer les inquiétudes des personnes qui supposent, sans examen, qu'un gouvernement républicain ne peut marcher avec ordre, en respectant tous les droits, toutes les convenances sociales, d'esquisser les dispositions principales d'une constitution dont l'ensemble ferait disparaître tous les inconvénients reprochés à cette forme de gouvernement.

Enfin nous croirons ne blesser qui que ce soit, et être agréables à quelques personnes, en faisant remarquer que la République dont le plan va être sommairement tracé pourrait bien prendre, si l'on veut, le nom de *monarchie temporaire*.

Nota. — La prudence conseille à l'auteur de ne pas livrer à la critique une œuvre aussi imparfaite que l'est celle-ci ; mais, en ce moment, tous doivent faire acte de courage. Il expose donc ses aperçus aux traits des opinions diverses.

Décembre 1870.

I.

SOMMAIRE.

Le gouvernement de la France est composé de neuf personnes qui forment un conseil et prennent le nom de *gouverneurs*.

Les neuf gouverneurs sont nommés par l'assemblée des *représentants*.

La nomination d'un gouverneur (après la première institution) sera faite chaque année. Pendant les huit premières années, le gouverneur à remplacer sera désigné par le sort. Ensuite, les gouverneurs sortiront du conseil à tour de rôle. Soit avant, soit après l'expiration des neuf ans, chaque gouverneur peut être réélu.

Le conseil des gouverneurs prendra dans son sein, et nommera un président et deux vice-présidents qui auront les titres de *préteur* et *vice-préteurs*.

Leurs fonctions dureront une année ; ils pourront être indéfiniment et consécutivement réélus.

Les vice-préteurs n'auront d'autorité spéciale qu'en cas de mort ou d'empêchement du préteur, et pendant les quelques semaines qui précéderont l'élection d'un remplaçant ou la réélection.

L'autorité, en ce cas, appartiendra au plus âgé des deux.

Le préteur choisira les ministres, et sera, comme eux, responsable.

Il fera tous les décrets relatifs à l'administration, sauf sur les points pour lesquels le conseil des gouverneurs, lors de la nomination ou de la réélection, se sera réservé l'initiative ou la révision.

Il pourvoira, provisoirement, en cas d'attaque, à la défense du territoire. Hors ce cas d'attaque, la guerre ne pourra être déclarée, comme la paix ne pourra être ratifiée, que par une loi.

La loi, en général, sera faite par le concours de l'assemblée des représentants et du conseil des gouverneurs prononçant à la majorité absolue. Elle sera soumise à la révision d'une troisième assemblée, celle des *majes* ou *régulateurs* (gardiens des lois), qui déclarera si le projet adopté par les deux assemblées est ou n'est pas en accord avec la constitution.

Tous les dix ans, des modifications de détail pourront être faites à la constitution dans la forme qui vient d'être indiquée pour la confection des lois ; l'assemblée des régulateurs donnera son avis ; et son approbation sera nécessaire pour l'adoption définitive du projet.

L'assemblée des représentants sera composée de six cents membres nommés par le suffrage universel.

Elle sera renouvelée jusqu'à concurrence d'un cinquième, chaque année.

Les régulateurs, au nombre de cent cinquante, seront nommés pour vingt ans, par le suffrage universel, et devront être âgés de cinquante ans au moins.

Le conseil des gouverneurs pourra suspendre, ajourner, dissoudre l'assemblée des représentants. Après une nouvelle élection, qui ne pourra être différée de plus de trois mois, la nouvelle assemblée nommera un tribunal, composé de cinquante membres, qui jugera l'utilité de la dissolution, et pourra prononcer contre les membres du conseil des gouverneurs qui l'aurait votée une amende dont le maximum est fixé à vingt mille francs.

Le préteur recevra une allocation annuelle de cinq cent mille francs.

Chacun des gouverneurs en recevra une de deux cent mille francs.

Les fonctions de représentant et de régulateur seront gratuites.

II.

EXPOSÉ DES MOTIFS.

Messieurs,

« Un bon gouvernement, a-t-on dit avec justesse, est celui dont les institutions, les lois et les actes s'adaptent si bien aux mœurs de la nation dont il est le chef, que, dans cette nation, on voit autant d'hommes heureux et dignes de l'être que le sol, le climat, l'industrie, la moralité, les opinions, les circonstances transitoires permettent qu'il y en ait. » *(L'opinion publique et les gouvernements, p. 4.)*

Vous voulez donner à la France un bon gouvernement ; et la plupart de vous, je le suppose, pensent que l'état de notre civilisation, de nos mœurs, permet ou demande que ce gouvernement soit la République ou Monarchie temporaire.

Cependant je parle avec cette apparente hésitation, j'emploie ce langage hypothétique, pour ne froisser aucune opinion ; parce que, comme vous le savez, la même forme de gouvernement ne convient pas à tous les peuples, ni au même peuple dans toutes les phases de son existence, et que cette assemblée a pour mission de juger si la forme républicaine est bien en effet celle qui convient à notre présent état de civilisation.

Au temps de Charlemagne, la République eût été, en France, un fort mauvais gouvernement ; il fallait à nos ancêtres de ces années un pouvoir souverain qui pût frapper fort et promptement ; les mœurs alors réclamaient l'impulsion irrésistible d'un prince puissant par l'institution sociale et par son génie : ce qu'ont bien démontré les déplorables événements qui se sont déroulés sous les faibles successeurs du célèbre monarque.

Pour nous guider dans le choix que maintenant nous avons à faire, nous n'aborderons pas les recherches métaphysiques, radicales, que ce sujet appelle ; nous ferons seulement, permettez-moi de vous en convier, de la politique appliquée, et même nous saurons tenir compte, dans la mesure que limitent la raison et l'équité, des faits accomplis.

Les élections par le suffrage totalement universel ont été pratiquées, incorporées dans nos mœurs depuis plus de vingt ans; nous ne pouvons plus demander s'il n'eût pas mieux valu que la qualité d'électeur ne fût conférée qu'à un habitant qui paierait une contribution directe, quelque mince qu'elle soit, et fournirait implicitement, par cette situation, la preuve qu'il a été laborieux, prévoyant, économe; nous allons donc, acceptant sans réticence ce fait accompli, appuyer nos principes et nos déductions sur l'institution du suffrage pleinement universel, tel qu'il existe. Du reste, les questions électorales vous sont soumises comme toutes les autres, et vous jugerez si les électeurs des représentants ne devraient pas être nommés par des assemblées primaires.

La souveraineté, avec nos mœurs actuelles, existe, en fait comme en droit, dans la volonté nationale. La volonté nationale est connue par les choix qui résultent des suffrages de tous les habitants non exclus par la loi. Ceci n'est pas une souveraineté absolue, *théorique*, celle qui procède de l'équité, du droit, de la raison; c'est la souveraineté concrète que nous prendrons pour base de nos dispositions légales, en faisant des vœux pour que les résultats des élections rapprochent de plus en plus cette souveraineté de fait de celle que désignent la raison et l'équité.

Ces observations conduisent-elles à l'adoption de la forme républicaine? Nous l'avons supposé. Vous prononcerez, Messieurs. Suivons les conséquences de notre supposition.

La République est par excellence (et certainement par définition) l'état dans lequel chacun n'obéit qu'à des lois, et fait passer l'intérêt général avant son intérêt privé. La mise en œuvre de ces lois est confiée à un pouvoir qui doit être muni d'une force suffisante pour accomplir sa difficile mission.

Nous avons donc à poser et à résoudre les questions suivantes :

Par quelle autorité, dans quelles formes les lois seront-elles faites ?

Comment le pouvoir exécutif sera-t-il constitué ?

Par quelle autorité les dépositaires de ce pouvoir seront-ils nommés ?

De quels droits, de quelle force seront-ils investis ?

La nation française est trop nombreuse pour que ses millions d'électeurs puissent discuter les lois.

Ces électeurs auront donc des mandataires, des représentants.

Au sein de l'assemblée que formeront ces représentants de la volonté nationale, seront produits, examinés, débattus les projets de loi que feront éclore les circonstances et les besoins divers qu'amènent les évolutions sociales.

On pourra statuer que le nombre de ces représentants ou mandataires sera de cinq, six ou sept cents.

Dans l'état monarchique, le pouvoir exécutif repose sur la tête d'une seule personne, nommée Empereur ou Roi, qui, assez ordinairement, déclare tenir ses droits et son pouvoir de Dieu ou de sa naissance; il est dans la nature de la société républicaine que ce pouvoir, émanant avec ou sans intermédiaire de la volonté nationale, soit confié non pas à toujours, mais pour un temps limité, à plusieurs personnes formant un conseil, et un grand nombre de considérations engagent à vouloir que ce conseil charge un de ses membres de remplir des fonctions précisément désignées, qui concentrent entre ses mains la presque totalité du pouvoir gouvernemental.

Les neuf membres de ce conseil exécutif (nombre que vous augmenterez ou diminuerez sans inconvénients) pourraient être nommés soit par les électeurs directement, soit par les représentants; notre projet préfère ce second mode, pour éviter les dangereux conflits qui pourraient s'élever entre deux mandataires directs du corps électoral , ayant l'un comme l'autre une puissance immédiate de semblable origine. En outre, ce qui n'est pas sans importance , ce mode permet de discuter les mérites des candidats.

Le projet établit encore, afin de prévenir les secousses que pourrait occasionner un renouvellement total du conseil que , chaque année (sauf pour la première institution), l'assemblée nommera un membre de ce cônseil. Pendant les huit premières années le gouverneur à remplacer sera désigné par le sort ; ensuite ils sortiront à tour de rôle.

Le conseil des gouverneurs prendra dans son sein un président et deux vice-présidents qui auront les qualifications de préteur et vice-préteurs.

Ils seront nommés pour une année seulement.

Les vice-préteurs n'auront pas de fonctions spéciales : leur office consistera uniquement à remplacer le préteur, en cas de mort ou d'empêchement, et pendant les quelques jours qui précéderont le choix d'un successeur ou une réélection ; le plus âgé des deux prendra cette place provisoire de préférence au plus jeune.

Le préteur nommera les ministres qui, ainsi que lui, seront responsables.

Il fera tous les actes d'administration.

Cependant le conseil déterminera ceux de ces actes qu'il voudra se réserver, et sur lesquels il statuera à la majorité des voix.

En cas d'attaque, le préteur pourvoira seul à la défense du territoire, sans consulter le conseil ; sauf ce cas, la guerre ne pourra être déclarée, les conditions de la paix ne pourront être ratifiées que par une loi.

Ces mesures, dont nous expliquerons successivement tous les effets, unissent, ce nous semble, les précautions qui doivent conserver la liberté à l'organisation hiérarchique nécessaire pour la marche *des affaires,* des opérations positives que réclament les mouvements d'un grand état.

Il est fort utile qu'une administration très-compliquée reste entre les mains de celui qui l'a bien comprise et bien conduite ; il est juste que les hautes fonctions soient laissées aux hommes qui les ont gérées avec probité, talent et bienveillance. Nous proposons que les gouverneurs, le préteur et les vice-préteurs puissent être réélus indéfiniment et consécutivement, sans aucune interruption.

Ces réélections des membres du pouvoir exécutif offriraient un grave danger pour la liberté publique si elles étaient faites par les électeurs des colléges,

2

qui ne peuvent ni discuter ni délibérer ; ce danger n'existe pas ou est presque nul dans les réélections dont il s'agit, parce que l'assemblée des représentants, pour les membres sortant du conseil des gouverneurs, et ce conseil, pour le préteur et les vice-préteurs, ne les prononceront qu'après un mûr examen et des discussions approfondies.

Quant aux représentants nommés par ces colléges électoraux (qui ne discutent pas), et pouvant aussi être réélus, ils sont assez nombreux pour que des erreurs d'appréciation, s'il en était commis quelques-unes, ne puissent rendre dangereuses ces continuations de pouvoir non méritées.

Il faut s'attendre à rencontrer dans toutes réunions d'hommes des ambitions, des jalousies. Ces mobiles souvent injustes pourraient empêcher, si les membres du Conseil des gouverneurs étaient entièrement abandonnés à leur libre arbitre ou, pour mieux dire, aux entraînements de leurs passions, qu'un préteur réunissant toutes les qualités qui assurent le bonheur et accroissent la moralité des peuples fût réélu par ses collègues ; un obstacle légal doit s'opposer à ce qu'ils puissent ainsi manquer d'équité ; nous le trouvons dans la crainte qu'éprouveraient ceux qui auraient pris part à une sorte de complot, de n'être pas eux-mêmes réélus par l'assemblée des représentants.

Le préteur , investi de ses fonctions pour une courte durée, n'a pas assez de puissance, ni en droit ni en fait, pour opprimer la liberté publique, cela est un bien ; mais, d'un autre côté, il pourrait n'avoir pas assez de force pour maintenir l'ordre dans certaines circonstances où les passions du peuple entier seraient trop fortement excitées. La loi doit donc éviter de faire intervenir dans les populations des mouvements brusques qui pourraient devenir des commotions. En conséquence , nous proposons que le renouvellement de l'Assemblée représentative soit opéré partiellement, par quart ou par cinquième, chaque année , et non pas totalement par une seule élection générale. Il est bien vrai que le renouvellement total donne une Assemblée qui caractérise mieux l'opinion de tous les électeurs au moment où il s'exécute ; mais cet avantage est beaucoup plus considérable dans une monarchie représentative que dans le système que veut fonder notre constitution. La nécessité d'éviter les ébranlements sociaux fera, nous le croyons, pencher la balance en faveur du renouvellement partiel ; par cette voie, les changements qu'aura introduits la modification des mœurs s'infiltreront peu à peu dans l'Assemblée, et n'arriveront pas avec une véhémence qui pourrait compromettre la sécurité publique ou au moins faire naître des inquiétudes toujours désastreuses.

Vous remarquerez, Messieurs, que ce projet supprime, et par les principes que nous proclamons et par les formalités qu'il adopte, cette interrogation succincte et ces réponses aveugles auxquelles on a donné le nom de *plébiscites*. Les plébiscites ont plusieurs fois entraîné la France à de fausses démarches, qui ont été suivies d'épouvantables malheurs; il n'en pouvait être autrement. Ce point est tellement capital que je dois insister pour le mettre en évidence, sans craindre de revenir à quelques-unes des considérations déjà énoncées. La discussion, la délibération doivent, avons-nous dit, précéder toutes les grandes résolutions; or, puisqu'il est impossible que 8 à 10 millions d'hommes, réunis pour un ou deux jours, discutent, délibèrent, il est contraire à toute sagesse, à toute raison, de confier à ces nombreuses assemblées la décision d'une affaire considérable, notamment le vote d'une constitution, la nomination d'un chef de l'État. Les événements ont prouvé la justesse de cette manière de voir. Une assemblée de mandataires, de représentants, est beaucoup moins exposée à se tromper que les électeurs, et, en outre, doit vivre en meilleure intelligence avec le pouvoir exécutif qu'elle a institué qu'avec celui qui, ayant pour origine le choix direct des colléges électoraux, prétendrait ne lui laisser que le droit de consultation.

Sous l'influence du passé, la crainte d'un 18 brumaire ou d'un 2 décembre vous préoccupera indubitablement. Vous reconnaîtrez, j'espère, que les dispositions de notre projet rendent fort difficile, presque impossible le retour de semblables événements. Le Conseil des gouverneurs, ayant la faculté de se réserver telle partie qu'il le voudra du pouvoir exécutif, préviendrait facilement les tentatives du préteur non encore nommé à l'égard duquel pourraient s'élever quelques soupçons, et que cependant on ne voudrait pas écarter, parce que des talents supérieurs appelleraient sur lui l'attention, ou parce que des services rendus à l'État mériteraient cette récompense. Le Conseil pourrait se réserver la nomination des généraux en chef et une immixtion dans les opérations de la défense nationale ou dans celles des affaires étrangères. Il serait fort difficile que, pendant une seule année, le préteur détournât de leurs devoirs un assez grand nombre de partisans pour espérer le succès de ses ambitieux desseins ; et si, dans le cours de cette année, il avait agi de manière à faire craindre qu'il ne voulût accaparer une puissance excessive, il ne serait pas réélu. D'autre part, l'Assemblée des représentants se réservera dans la Constitution le pouvoir dont elle croirait avoir besoin pour réprimer ou prévenir les usurpations, et le commandement direct d'une certaine force armée. D'autres réflexions qu'amènera la suite de ce discours viendront compléter votre sécurité.

L'expérience a montré qu'il est dangereux pour le bien public de laisser en présence l'un de l'autre deux pouvoirs, sans qu'il existe une troisième personne morale qui soit appelée à prononcer un jugement, et à faire cesser le conflit qui se serait élevé entre eux. Cette troisième personne est, dans notre plan, *l'assemblée des régulateurs*. Cette assemblée prend part à la loi, en ce sens qu'elle constate si le projet adopté par l'Assemblée des représentants et par le Conseil des gouverneurs est ou n'est pas en accord avec l'esprit et avec la lettre de la constitution ; elle peut aussi, le cas échéant, déclarer s'il est utile de modifier, suivant les indications d'un projet de loi, telle ou telle des institutions premières. Cette assemblée arrête ainsi dans ses écarts l'esprit d'innovation, et le dirige quand il est à propos de ne pas rester entièrement dans les voies du passé. Elle

remplit, dans le système gouvernemental, un office
semblable à celui dont est chargée la Cour de cas-
sation pour les différends entre particuliers, avec
une puissance plus étendue.

Les régulateurs ne doivent être nommés ni par
les représentants ni par les gouverneurs, puisqu'ils
sont appelés à contrôler leurs actes. Rien ne s'oppose
à ce qu'ils soient choisis par le suffrage universel.
L'âge que nous avons énoncé offre des garanties de
savoir, d'expérience, de sagesse, et prémunit contre
les tentatives anti-légales que pourrait former une
corporation qui, dans l'État, représente la durée
indéfinie, la perpétuité.

L'Assemblée des représentants sera nombreuse,
afin que toutes les opinions et leurs nuances diverses
puissent s'y produire avec quelque puissance, afin
aussi que chacun de ses membres soit moins exposé
aux funestes influences qu'engendreraient les offres
de places ou d'honneurs, à l'aide desquelles le chef
du pouvoir exécutif voudrait obtenir des partisans
trop dévoués. Dans une assemblée nombreuse, les
factions acquièrent parfois une violence perturba-
trice : notre histoire en fournit de tristes preuves ;
pour éviter ce péril, pour mettre en sûreté à la fois
l'ordre et la liberté, si nécessaires l'un et l'autre
à la prospérité des empires, nous avons pensé qu'il

était prudent de donner au conseil des gouverneurs, bien qu'il soit nommé par l'assemblée des représentants, le pouvoir de suspendre, de proroger les séances de cette assemblée, celui même de la dissoudre, sous la condition que les colléges électoraux seront convoqués dans un bref délai pour en former une nouvelle.

Mais voulant que cette mesure ne soit prise que dans le cas d'une nécessité frappante, que chacun des gouverneurs soit sérieusement intéressé à mûrir l'opinion qu'il apporterait dans le conseil, nous soumettons ceux qui auraient voté la dissolution à passer en jugement devant un tribunal politique nombreux et institué par la nouvelle Assemblée des représentants. Ce tribunal du reste ne pourrait prononcer d'autre peine qu'une amende dont la Constitution fixera le maximum.

Les lois, a-t-on dit, sont des toiles d'araignée qui arrêtent les faibles et ne font pas obstacle aux puissants, parce qu'ils les déchirent; nous espérons avoir pris les précautions convenables pour qu'aucune assemblée ou aucun individu ne parvienne à une puissance assez prééminente pour déchirer les lois ; nous avons encore employé, pour arriver à ce but, un moyen dont les événements font voir toute l'importance ; nous avons préservé le chef de l'État et les gouverneurs des périlleux enivrements qu'enfantent le luxe exagéré et toutes ses conséquences. La Constitution fixerait à cinq cent mille francs, par an, l'allocation pécuniaire du préteur. Cette somme suffit pour qu'il rétribue plusieurs intendants habiles, et qu'il n'ait besoin de s'occuper en rien des conditions d'une existence large, plus abondante que la médiocrité dorée ; elle ne lui permet pas de soudoyer des agents usurpateurs. Si quelques suppléments étaient nécessaires, par suite des relations que le préteur entretiendrait avec des souverains étrangers, l'assemblée la lui accorderait, mais spécialement pour telle circonstance et en connaissance de cause.

Les deux cent mille francs, par an, attribués à chacun des gouverneurs sont aussi une somme *très-confortable.*

Une pension pourrait être accordée aux membres du gouvernement, dont les fonctions auraient cessé, et à leur famille.

Une autre raison capitale nous a engagé à déterminer, dans l'acte fondamental, les rétributions pécuniaires des membres du Gouvernement, et nous n'avons pas été arrêté par la crainte de paraître minutieux en réclamant cette fixation. Il nous semble fort important d'introduire dans les esprits,

par un fait saillant, de constante évidence , l'opinion
(très-préférable à celle qui règne aujourd'hui) que
la véritable grandeur des hommes résulte de l'émi-
nence des talents qu'ils consacrent à l'accomplisse-
ment du bien, et des qualités morales, la probité,
la sincérité, la bienveillance , la générosité, dont
ils font preuve, et non des somptuosités qu'étale
la richesse, des décors de toutes sortes que revêt
la vanité ; décors que le pouvoir distribue pour se
concilier des adeptes, et dont l'effet le plus ordinaire est de faire négliger par les gratifiés ces
obscures qualités morales dans lesquelles nous
voudrions (dans l'intérêt de tous) que l'on vît la
véritable grandeur.

Ces dispositions indiquent quelle ligne de conduite devront prendre, pour obtenir des réélections
ou des emplois, le chef de l'État et les autres fonc-
tionnaires du pouvoir exécutif; vous jugerez pro-
bablement avec nous que la situation ainsi faite
aux premiers personnages de l'État favoriserait très-
notablement l'amélioration progressive des mœurs
publiques.

Le système du *prestige* (des illusions , de l'éclat),
dernièrement pratiqué, peut nous opposer des objections ; nous les avons prévues, et c'est après
avoir attentivement examiné les effets divers des

deux directions, que nous avons adopté celle qui vient d'être indiquée.

Les fonctions de représentant et celles de régulateur seront gratuites. Cette disposition nous a été dictée beaucoup moins par des vues d'économie que par les considérations déjà esquissées, par le désir de rectifier les pensées publiques, d'améliorer les mœurs.

Expliquons nos préférences.

La générosité est la plus haute des vertus humaines; c'est elle qui distingue le plus manifestement les hommes des êtres inférieurs de la création. Cette vertu (dans le langage positif) consiste à *rendre des services gratuits*. Les hommes, en général, étant assujétis à des besoins physiques, reçoivent très-légitimement des objets matériels en échange de leurs travaux divers; pourtant, il est bien que les exemples de générosité, qui prouvent notre grandeur, soient donnés par quelques personnes; nous choisissons, pour accomplir cette œuvre dans l'ordre civil, les élus du suffrage universel. Il sera très-évident, la gratuité du mandat étant établie, que les hommes qui rechercheront ou accepteront cette mission sociale sont dignes, au moins par leurs intentions, par leur générosité, de représenter une grande nation, d'être des modèles excellents sur lesquels doivent se former ses pensées et ses mœurs.

Dans ces dernières années, des appointements ou indemnités ont été attribués aux sénateurs et aux députés; mais les habitudes contractées pendant cette période ont fort peu de droit à notre imitation. Le motif qui, d'abord, avait fait introduire cette dérogation aux règlements antérieurs avait été le désir que les hommes pauvres ne se trouvassent pas dans l'impossibilité d'être les mandataires de la nation ; il fallait, disait-on dans les jours qui ont précédé l'empire, que les pauvres comme les riches aient des amis, des protecteurs au sein de l'assemblée nationale; et cette mission doit naturellement être remise à des pauvres. Mais à cette théorie on oppose les objections suivantes :

Cet argument, a-t-on remarqué, est une erreur au milieu de plusieurs autres commises à cette époque : erreurs inspirées, veuillons le croire, par de louables desseins, mais qui ont produit (comme le font toutes les erreurs) de funestes effets. Qu'on y réfléchisse, qu'on se souvienne, on reconnaîtra qu'il n'est pas nécessaire que l'on soit pauvre soi-même pour soutenir avec chaleur, avec talent, les intérêts des pauvres; on verra que la générosité conseille sur ce point plus d'efforts, des efforts plus fructueux, que l'intérêt personnel ou l'intérêt de caste. La raison nous le dit, nous l'apprenons aussi de l'histoire : Louis IX (saint Louis), Louis XII, le père du peuple, Henry IV (le seul roi dont le peuple ait gardé la mémoire) ont été certainement les amis, les protecteurs des pauvres ; on n'a pas oublié, en France, le vœu de *la poule au pot*. Fénelon, La Rochefoucauld-Liancourt, de Gérando se sont fort activement et fort utilement occupés de prévenir et de soulager la misère publique ; Mathieu de Montmorency, le premier baron chrétien, a proposé la mesure adoptée le 4 août ; c'était là bien certainement un acte de générosité. Les hommes pauvres, que nous sommes très-loin de vouloir offenser, pour lesquels nous désirons vivement le bien-être uni à la grandeur morale, sont très-souvent, il faut l'avouer pour marcher ré-solûment dans la ligne du vrai, jaloux les uns des autres ou de ceux qui ont été plus qu'eux favorisés par la fortune ; les voies de l'équité, de la sagesse, de la bienveillance sont trop souvent obscurcies dans leur esprit par la préoccupation que la nécessité leur a imposée. Les mêmes obstacles n'existent pas pour les hommes qui ont pu être fréquemment désinté-ressés ; il ne faut qu'un bon mouvement, qu'une généreuse pensée, pour qu'ils élèvent leur âme et la tiennent élevée au-dessus de la vanité et des folles ambitions qui troublent les états ou oppriment l'humanité. Les hommes pauvres peuvent assurément élever aussi leur âme au-dessus de l'intérêt personnel ; et, chez eux, cette générosité est plus méritoire que pour ceux qui ont vécu, qui vivent avec d'autres habitudes, parce qu'elle est plus difficile ; mais il est prudent de ne pas compter, en traçant des institutions, sur des vertus héroïques ; et, d'ailleurs, on a vu par mille exemples qu'un changement de fortune trop subit pervertit les cœurs et les volontés.

Dans un moment de crise, un représentant *indemnisé* a le courage de résister, et appelle énergiquement un groupe d'ouvriers à la *défense des lois*. Oui, répond l'un d'eux, et à la continuation de vos vingt-cinq francs par jour. Cette réponse injurieuse et les réflexions qu'elle suppose n'auraient pas été possibles, si les hautes fonctions du représentant, son courage, la loyauté de son caractère n'eussent pas été ternis par le triste reflet de cette indemnité.

Les hommes qui ne possèdent qu'une fortune médiocre, ou même seulement leurs bras et leur intelligence, peuvent être nommés représentants. Leurs électeurs ou quelques-uns d'eux se cotiseraient pour leur fournir les moyens pécuniaires de vivre à Paris pendant quelques mois. Un tel mandat serait très-certainement des plus honorables.

Vous discuterez l'argument favorable à l'indemnité, et l'objection que je viens d'énoncer.

Je n'aurais pu, Messieurs, sans excéder les bornes que comporte ce discours, aborder tous les détails, prévoir les objections, exposer les théories, citer des faits historiques que vous pouvez souhaiter ; tous ces développements, qui expliqueront, justifieront le système de pensées auquel nous nous sommes arrêtés, trouveront place dans les discussions approfondies qui sont indispensables pour que le projet soumis à vos délibérations soit adopté ou modifié.

Nota. — Le présent travail sera complété, prochainement peut-être, par un autre intitulé : DÉVELOPPEMENTS ET DISCUSSIONS.

Peut-être aussi publierons-nous un opuscule qui touche intimement au sujet de cette esquisse intitulé : *Le suffrage universel considéré comme l'exercice d'une magistrature.*

Caen, typ. F. Le Blanc-Hardel.